ACCESO GRATIS ***a la Lectura en la Nube***

Para visualizar el libro electrónico en la nube de lecture envíe junto a su nombre y apellidos una fotografía del código de barras situado en la contraportada del libro y otra del ticket de compra a la dirección:

ebooktirant@tirant.com

En un máximo de 72 horas laborales le enviaremos el código de acceso con sus instrucciones.

La visualización del libro en **NUBE DE LECTURA** excluye los usos bibliotecarios y públicos que puedan poner el archivo electrónico a disposición de una comunidad de lectores. Se permite tan solo un uso individual y privado

143 PREGUNTAS Y RESPUESTAS SOBRE LA LEY GENERAL DE MECANISMOS ALTERNATIVOS DE SOLUCIÓN DE CONTROVERSIAS

143 PREGUNTAS Y RESPUESTAS SOBRE LA LEY GENERAL DE MECANISMOS ALTERNATIVOS DE SOLUCIÓN DE CONTROVERSIAS

FRANCISCO JOSÉ VISOSO DEL VALLE

tirant lo blanch
Ciudad de México, 2024

En caso de erratas y actualizaciones, la Editorial Tirant lo Blanch publicará la pertinente corrección en la página web www.tirant.com/mex.

Este libro será publicado y distribuido internacionalmente en todos los países donde la Editorial Tirant lo Blanch esté presente.

© TIRANT LO BLANCH
DISTRIBUYE: TIRANT LO BLANCH MÉXICO
Av. Tamaulipas 150, Oficina 502
Hipódromo, Cuauhtémoc
06100 Ciudad de México
Telf.: +52 1 55 65502317
infomex@tirant.com
Email: tlb@tirant.com
www.tirant.com/mex/
www.tirant.es
ISBN: 978-84-1071-403-8
ISBN Colegio de Notarios de la Ciudad de México: 978-607-7873-59-4
MAQUETA: Innovatext

Si tiene alguna queja o sugerencia, envíenos un mail a: *atencioncliente@tirant.com*. En caso de no ser atendida su sugerencia, por favor, lea en *www.tirant.net/index.php/empresa/politicas-de-empresa* nuestro Procedimiento de quejas.

Responsabilidad Social Corporativa: *http://www.tirant.net/Docs/RSCTirant.pdf*

143 PREGUNTAS Y RESPUESTAS SOBRE LA LEY GENERAL DE MECANISMOS ALTERNATIVOS DE SOLUCIÓN DE CONTROVERSIAS

Francisco José Visoso del Valle
Notario 145 de la Ciudad de México

INTRODUCCIÓN

La Ley General de Mecanismos Alternativos de Solución de Controversias (en lo sucesivo LGMASC), se publicó en el Diario Oficial de la Federación el 26 de enero de 2024 y **entró en vigor** al día siguiente de su publicación.

Los artículos transitorios respectivos establecen:

Primero. El presente Decreto entrará en vigor el día siguiente al de su publicación en el Diario Oficial de la Federación.

Segundo. El Congreso General de los Estados Unidos Mexicanos, contará con un plazo máximo de un año para expedir las actualizaciones normativas correspondientes, para el cumplimiento del presente Decreto.

Tercero. Las Legislaturas de las entidades federativas, contarán con un plazo máximo de un año para expedir las actualizaciones normativas correspondientes, para el cumplimiento del presente Decreto.

Cuarto. En caso de que el Congreso General de los Estados Unidos Mexicanos o las Legislaturas de las entidades federativas omitan total o parcialmente realizar las adecuaciones legislativas a que haya lugar dentro del plazo establecido en los artículos transitorios anteriores, resultará aplicable de manera directa la Ley General de Mecanismos Alternativos de Solución de Controversias.

Con relación a las disposiciones relativas a la vigencia previstas en los artículos transcritos y los demás de la Ley, es interesante el argumento expresado en la exposición de motivos de una iniciativa de reforma a la misma, que, si bien no ha sido aprobada, resulta relevante.

Dice la exposición de motivos en su parte conducente: "Si bien el régimen transitorio establece que las entidades federativas tienen un plazo máximo de 1 año para adecuar su legislación local de conformidad con lo establecido en la Ley General, una correcta interpretación nos lleva a concluir que sus disposiciones normativas **se encuentran vigentes** y por tanto son aplicables a nivel nacional a partir del 27 de enero del presente año, en virtud de la **progresividad de derechos** que conlleva dicho producto legislativo, lo que es acorde con el **artículo 1 de la Constitución Política de los Estados Unidos Mexicanos.**"

Esta "correcta interpretación" nos permite arrogarnos los derechos conferidos en la Ley aún y cuando las entidades federativas no hayan ajustado su legislación.

Como ley general, convive con las leyes de las legislaturas locales, las que deben ajustarse a las disposiciones de aquella de manera que podrán regular de manera particular la materia, pero siempre respetando los principios y derechos previstos en la primera.

El presente trabajo tiene por finalidad despertar el interés del lector con un sistema inquisitivo, en base a preguntas y respuestas concretas y concisas y de ninguna manera pretende agotar un estudio profundo de la materia.

Consciente de la parquedad de las respuestas, deseo que despierten el apetito cognitivo del lector para profundizar en el tema y desde luego en las leyes locales que lo traten con mayor profundidad y detalle.

1. La LGMASC regula diversos mecanismos que como su nombre indica, son alternos, de donde surge la pregunta, ¿Estos mecanismos son alternos a qué?

   Estos mecanismos son alternos a la justicia jurisdiccional y están previstos como derecho humano en la Constitución Política de los Estados Unidos Mexicanos (CPEUM).

   El artículo 17 confiere derecho, a toda persona, a que se le administre justicia por tribunales que estarán expeditos para impartirla en los plazos y términos que fijen las leyes, emitiendo sus resoluciones de manera pronta, completa e imparcial.

   La misma norma establece que las leyes preverán mecanismos alternativos a estos procedimientos contenciosos jurisdiccionales para la solución de controversias.

2. ¿Qué mecanismos regula la Ley? (art. 4)

   De manera enunciativa, más no limitativa, la ley prevé como medios alternativos los siguientes:

   I. La negociación en la que las partes actúan por sí mismas y sin intermediarios.

   II. La negociación colaborativa, la que se lleva a cabo con asistencia de abogados colaborativos.

   III. Mediación, con asistencia de persona facilitadora.

   IV. Conciliación, con asistencia de persona conciliadora.

V. Arbitraje, con la intervención de un árbitro que resuelve la controversia.

3. ¿Quiénes son los conductores de estos medios? (art. 2)

   a) Personas facilitadoras en el ámbito (i) público (ii) Privado.

   b) Abogados colaborativos certificados.

   c) Árbitros.

4. ¿Quién los certifica para habilitarlos como conductores de estos medios? (art. 2)

   a) Poder Judicial Federal.

   b) Poder Judicial Local.

   c) Tribunales de Justicia Administrativa Federal.

   d) Tribunales de Justicia Administrativa Local.

5. ¿Si estoy certificado por uno o por otro, es suficiente para actuar en ambos ámbitos? (art. 34)

   Sí, si está inscrita en el Registro de Personas Facilitadoras de los poderes judiciales que corresponda.

6. ¿Cuáles son las características de la Justicia Alternativa? (art. 6)

   La Ley regula el derecho humano de acceso a la justicia en su aspecto convencional, es decir, de manera alterna a la que administran los tribunales.

   Es característica de este medio de justicia, su naturaleza convencional, a diferencia de la judicial en que las partes quedan vinculadas y sometidas a la jurisdicción del juez que previene en el juicio (art. 259-II CPC).

   En la justicia jurisdiccional prevalece el principio de publicidad, la audiencia en que se desahogan las pruebas es pública (art. 389 CPC), en tanto que en los medios alternativos se privilegia el principio de confidencialidad, en virtud del cual, aplica el dicho de que "todo lo que sucede en el procedimiento, se queda en el procedimiento", es decir, entre quienes intervienen en él.

Esto aplica tanto a las partes, como a quienes intervienen en el proceso, sea en calidad de facilitadores; abogados colaborativos y terceros.

Desde luego, admite una excepción, cuando se está cometiendo un delito o cuya consumación sea inminente.

La justicia que se obtenga a través del procedimiento se materializa con la celebración de un convenio, a través del que los mediados construyen acuerdos para la solución cabal de la controversia objeto de la mediación.

Los facilitadores deben conducirse con absoluta neutralidad, actuando con objetividad, lo que implica evitar juicios de valor, opiniones o prejuicios que alteren su imparcialidad en el procedimiento e influyan contrariamente en la voluntad de las partes viciando los acuerdos. Deben privilegiar una conducta honesta, y conducirse con apego a la verdad y profesionalismo.

Deben, por tanto, evitar favoritismos o preferencias personales que impliquen la concesión de ventajas a alguna de las partes.

Los facilitadores, los abogados colaborativos y las partes, deben actuar con absoluta independencia, es decir, sin que nada ni nadie sujete, condicione o fuerce su voluntad.

Este medio privilegia el principio constitucional de la solución del fondo del conflicto sobre las formalidades del proceso y, por lo tanto, es absolutamente flexible en sus formalidades, pero respetuoso de los principios que lo estructuran.

Las partes, mediante un trato igualitario, en el que ambas gozan de las mismas concesiones y consideraciones, construyen acuerdos mediante la conducción del facilitador o el abogado colaborativo, quien será el encargado de redactarlos con la debida observancia de su legalidad, de manera pronta y expedita, es decir, de manera rápida, sin trabas o suspensiones.

Debe respetar los derechos humanos, el interés superior de niños y adolescentes, el orden público y la voluntad de las partes (legalidad).

En la solución del conflicto mediante la construcción de los acuerdos, las partes deben actuar con plena autonomía de la voluntad, la cual se alcanza cuando debidamente informadas y convencidas de haber alcanzado una solución a su conflicto, son conscientes de sus consecuencias y actúan sin ningún tipo de influencia exterior y desde luego, libres de coacción, sin situaciones externas que vicien su voluntad.

Las partes tienen el deber de conducirse con buena intención, de buena fe, de manera que quedan excluidos el dolo, la reticencia, ocultando intencional y deshonestamente información relevante que pueda afectar la voluntad de los mediados.

El convenio debe guardar un equilibrio entre las partes, alcanzando absoluta equidad y proporcionalidad en los derechos y obligaciones de los mediados.

Como derecho humano de acceso a una justicia plena, debe garantizarse su gratuidad cuando se lleva a cabo en el ámbito público, sin perjuicio de que los interesados puedan acudir ante facilitadores privados con el costo correspondiente.

7. ¿Cuándo es inadmisible acudir a un mecanismo alternativo? (art. 7, 2º párrafo)

   Cuando se trate de derechos indisponibles.

8. ¿Qué es y cómo se conforma el Consejo Nacional de MASC (Mecanismos Alternativos de Solución de Controversias)? (art. 9 y 11)

   Es un órgano colegiado conformado por los titulares de los Centros Públicos de Mecanismos Alternativos de Solución de Controversias de la Federación y de las entidades federativas y tiene como función principal expedir lineamientos de capacitación, evaluación, certificación, renovación, suspensión y revocación de personas facilitadoras; lineamientos de creación de la Plataforma Nacional de Personas Facilitadoras que debe contener la información de todas las personas que ejerzan en el territorio nacional; lineamientos de creación, actualización y mantenimiento de los Sistemas de Convenios que se suscriban en todo el territorio nacional y que estarán a cargo de los Consejos de la Judicatura Federal y locales en sus respectivos ámbitos de competencia.

9. ¿Qué es la Justicia Restaurativa?

   Es la que tiene por objeto resarcir los daños existentes y prevenir los futuros bajo la expectativa de no repetición.

10. ¿Qué debe hacer el facilitador con el convenio que se suscriba en el MASC? (art. 25)

    Enviarlo para su inscripción al sistema de convenios del ámbito federal o local, según corresponda para obtener la clave o número de registro y alcanzar todos sus efectos jurídicos.

11. ¿Qué debe obtener el facilitador del Sistema de Convenios? (art. 25)

    La clave o el número de registro.

12. ¿Qué finalidad tiene el registro? ¿Cuál es su naturaleza?

    Es un requisito de eficacia, una vez registrado produce todos sus efectos jurídicos.

13. ¿Existe alguna calificación de los convenios? (art. 29)

    El titular de los Centros Públicos de MASC debe supervisar que los convenios que celebren los facilitadores sean públicos o privados, no afecten derechos humanos (frac V-VII).

La revisión constituye una calificación del convenio, ya que la norma establece que el Titular revisa su contenido cuando se lo remitan las personas facilitadoras del ámbito privado para "efectos de validación", lo que implica que si el Titular no valida el convenio, no lo inscribe y no lo reviste de la categoría de cosa juzgada.

14. ¿Cuáles son los deberes de los facilitadores?

I. Determinar si el asunto es susceptible de solución a través de MASC.

II. Conducir el mecanismo alternativo de solución de controversias.

III. Verificar identidad de los intervinientes.

IV. Cumplir con los principios que regulan el MASC.

V. Vigilar (cuidar) que el convenio reúna los requisitos de existencia y validez.

VI. Vigilar que en el proceso del MASC no se afecten derechos humanos irrenunciables ni disposiciones de orden público.

VII. Actualizarse en los términos de los lineamientos.

VIII. Informar a las partes la naturaleza y objeto del MASC.

IX. Informar a las partes el alcance jurídico del convenio y consecuencias de su incumplimiento.

X. Redactar el convenio.

XI. Verificar la disponibilidad de los bienes y derechos objeto del convenio.

XII. Informar a las autoridades competentes hechos constitutivos de delitos.

XIII. Realizar los ajustes que requiera el MASC para el cumplimiento de sus funciones.

15. ¿Qué medidas debe tomar el facilitador cuando en el proceso participen? (art. 31)

    a) Personas adultas mayores b) discapacitados c) grupos en situación de vulnerabilidad.

    i. Realizar ajustes razonables y de procedimiento.
    ii. Contar con formatos alternativos que garanticen: a) Equidad b) Accesibilidad estructural y c) Accesibilidad de comunicación.
    iii. Facilitar el ejercicio de sus derechos.
    iv. Facilitar el ejercicio de su capacidad jurídica plena.
    v. Proporcionar los apoyos necesarios para lo anterior.

16. ¿En qué casos tienen fe pública los facilitadores públicos y privados?

    I. Para la celebración de los convenios.
    II. Emitir copia certificada de los documentos que por esta ley deban agregarse a los convenios y con la única finalidad de agregarlos como anexos al convenio.
    III. Expedir copia certificada del convenio y documentos que resguarde en su archivo.

17. La certificación de un facilitador en una Entidad Federativa ¿surte efectos en otra? (art. 34)

    Sí, si está inscrita en el Registro de Personas Facilitadoras de los poderes judiciales que corresponda.

18. ¿Y si la emite el Poder Judicial Federal? (art. 34)

    Se estará a los lineamientos que expida el Consejo de la Judicatura Federal.

19. ¿Qué casos específicos producen responsabilidad civil del facilitador?

    Por deficiente o negligente:

I. Elaboración.

II. Suscripción.

III. Registro del convenio.

20. ¿Qué impedimentos se imponen al facilitador con respecto a las partes? (art. 36)

I. Patrocinar.

II. Representar.

III Asesorar a las partes en lo individual o en su conjunto durante y al menos el año previo o posterior a la celebración del convenio y su registro.

21. ¿Hay alguna excepción al impedimento anterior? (art. 36)

Sí la hay, tratándose de Notarios y Corredores en la prestación de servicios de fe pública.

22. ¿Cuál es la sanción?

La revocación de la certificación.

23. ¿Los facilitadores y terceros intervinientes en un MASC pueden revelar información que se produzca en un procedimiento? (art. 37)

No, deben mantener la confidencialidad.

24. ¿Y si son ofrecidos como testigos en juicio? (art. 6-IV)

Considero que aún en este supuesto existe el deber de confidencialidad, ya que la única excepción se actualiza cuando se está cometiendo o consumando un delito.

25. ¿Quién emite la certificación de los facilitadores y abogados colaborativos? (art. 38)

I. El poder judicial federal.

II. El poder judicial de la Entidad Federativa. Les corresponde a) otorgar, b) negar, c) suspender, d) revocar o e) renovar.

26. ¿En dónde se establecen los requisitos y procedimientos para a) otorgar, b) negar, c) suspender, d) revocar o e) renovar la certificación?
    1. Ley General MASC Nacional.
    2. Leyes Locales de MASC.
    3. Lineamientos del Consejo Nacional.
    4. Acuerdos que emitan los consejos de la judicatura federal y locales.
27. ¿Cuál es la naturaleza de la certificación? (art. 39)
    - I. Personalísima.
    - II. Intransferible.
    - III. Indelegable.
28. ¿Requisitos para obtener la certificación, ya sea como facilitador o como abogada colaborativa? (art. 40)
    - I. Contar con título o cédula profesional de estudios de licenciatura;
    - II. Ser ciudadano mexicano, en pleno goce y ejercicio de sus derechos civiles y políticos;
    - III. No haber sido sentenciado por delito doloso;
    - IV. No ser declarada persona deudora alimentaria morosa, ni estar inscrita en el Registro Nacional de obligaciones Alimentarias y
    - V. Aprobar las evaluaciones que determinen los Poderes Judiciales Federal o de las entidades federativas según corresponda.
29. ¿Si el facilitador pertenece a pueblos y comunidades indígenas y afromexicanas? (art. 41)

    La Ley remite a lo dispuesto por el artículo 2° de la CPEUM que en su parte conducente reconoce y garantiza el derecho de los pueblos y las comunidades indígenas a la libre determinación y, en consecuencia, a la autonomía para aplicar sus propios sistemas normativos en la regulación y solución de sus conflictos internos, sujetándose a los principios generales de esta Constitución, respetando las garantías individuales, los derechos humanos y, de manera relevante, la dignidad e integridad de las mujeres. La ley establecerá los casos y procedimientos de validación por los jueces o tribunales correspondientes.

También deberá actuar de conformidad con lo dispuesto por la legislación de la materia en las entidades federativas.

30. ¿En dónde se inscriben las certificaciones de los facilitadores? (art. 42)

Una vez que el Poder Judicial correspondiente a la entidad federativa o de la Federación, a través de los Centros Públicos de Mecanismos Alternativos de Solución de Controversias hayan emitido la certificación correspondiente al facilitador, deberán inscribirla en el Registro de Personas Facilitadoras en el ámbito federal o de las entidades federativas.

31. ¿Vigencia de la certificación? (art. 43)

La vigencia de la certificación será de 5 años, o indefinida, cuando habiendo vencido el plazo, el Poder Judicial no emita convocatoria para la renovación o recertificación.

32. ¿Competencia del facilitador? (art. 44)

En cualquier entidad federativa, siempre que cumpla con los requisitos exigidos por la Ley.

33. ¿Requisitos? (art. 44)

i. Contar con la Certificación vigente.

ii. No estar inscrito en el Registro de Personas Facilitadoras con una anotación de cancelación, revocación o suspensión de la Certificación para ejercer sus funciones.

iii. Inscribir su certificación en el Registro de Personas Facilitadoras del Poder Judicial que corresponda.

iv. Contar con las instalaciones o medios electrónicos para la prestación del servicio.

34. ¿En qué casos puede excusarse o ser recusado el facilitador?

En el art. 46 de la Ley que remite al 104 del Código Nacional de Procedimientos Civiles y Familiares.

A su vez, el artículo 104 enumera 16 causas de impedimentos que se reproducen a continuación:

Las causas tienen su origen en una presunción de influencia contraria a la imparcialidad que debe observar el facilitador en el desempeño de su función y cumplimiento de sus deberes, ya sea por una relación de afecto o animadversión con alguna de ellas o bien, tiene interés personal en el sentido de los acuerdos:

I. Cuando tengan interés directo o indirecto en el procedimiento;

II. En los procedimientos que sean del mismo interés para su cónyuge, concubina, concubinario, conviviente o para sus parientes consanguíneos en línea recta sin limitación de grado, a los colaterales dentro del cuarto grado, y a los afines dentro del segundo;

III. Siempre que, entre su cónyuge, concubina, concubinario, conviviente, ascendientes o sus descendientes, y alguna de las partes interesadas, haya relación de intimidad nacida de algún acto civil o religioso, sancionado y respetado por la costumbre, relación de amistad o económica, de subordinación o lealtad, sin importar su origen;

IV. Si fuere pariente por consanguinidad o afinidad de la persona representante autorizada, abogado o procurador de alguna de las partes, en los mismos grados a que se refiere la fracción II de este artículo;

V. Cuando la autoridad jurisdiccional, su cónyuge, concubina, concubinario, conviviente o alguno de sus ascendientes o descendientes sea parte heredera, legataria, donante, donataria, socia, acreedora, deudora, fiadora, fiada, arrendadora, arrendataria, principal, dependiente o comensal habitual de alguna de las partes, o administradora actual de sus bienes;

VI. Si ha hecho promesas o amenazas, o ha manifestado de otro modo su odio o afecto por alguna de las partes; o ha sido sujeto de amenazas o la animadversión de alguna de las partes ha influido en su fuero interno de tal manera que se ponga en riesgo su imparcialidad;

VII. Si asiste o ha asistido a convites que especialmente se le ofrecieren o costeare alguna de las partes que litigan el asunto o sus personas representantes autorizadas, antes y después de comenzado el procedimiento, o si se tiene familiaridad con los mencionados, o cohabitan con ellas;

VIII. Cuando después de iniciado el procedimiento, la autoridad jurisdiccional, su cónyuge, concubina, concubinario, conviviente, ascendientes o descendientes, parientes colaterales en segundo grado y por afinidad en primer grado, haya recibido dádivas o servicios de alguna de las partes;

IX. Si ha sido abogado o procurador, ha fungido como apoyo o ha recibido apoyo para el ejercicio de la capacidad jurídica, perito o testigo en el procedimiento de que se trate o de cualquiera de las partes en éste, en cualquier otro procedimiento;

X. Si ha conocido del procedimiento como autoridad jurisdiccional, arbitro o asesor, resolviendo algún punto que afecte a la sustancia de la cuestión, en la misma instancia o en otra;

XI. Cuando la autoridad jurisdiccional, su cónyuge, concubina, concubinario, conviviente o alguno de sus parientes consanguíneos en línea recta, sin limitación de grados, de los colaterales dentro del segundo, o de los afines en el primero, siga contra alguna de las partes, o no ha pasado un año, de haber seguido un juicio civil, o una causa criminal, como parte acusadora, querellante o denunciante, o se haya constituido parte civil en causa criminal seguida contra cualquiera de ellas;

XII. Cuando alguna de las personas representantes autorizadas, sigan o hayan seguido un juicio civil, o una causa criminal, y no ha pasado un año o más, de haber causado ejecutoria, un procedimiento jurisdiccional, en contra de la autoridad jurisdiccional de que se trate, su cónyuge, concubina, concubinario, conviviente, ascendientes o descendientes, parientes colaterales en segundo grado y por afinidad en primer grado;

XIII. Cuando la persona servidora pública, su cónyuge, concubina, concubinario, conviviente, ascendientes o descendientes, parientes colaterales en segundo grado y por afinidad en primer grado, sea contrario a cualquiera de las partes en procedimiento administrativo que afecte a sus intereses;

XIV. Si la persona servidora pública, su cónyuge, concubina, concubinario, conviviente o alguno de sus expresados parientes sigue algún procedimiento civil o criminal en que sea autoridad jurisdiccional, agente del Ministerio Público Federal o Local, Procurador o Representante Social, árbitro o arbitrador, de alguno de los litigantes;

XV. Si es persona tutora, tutriz, curador o curadora de alguna de las partes interesadas, administra sus bienes, es gerente de alguna sociedad, asociación que tenga interés en la causa o no hayan pasado tres años de haberlo sido, y

XVI. Siempre que haya externado su opinión públicamente, adelantando el sentido de su fallo.

Las opiniones expresadas por la autoridad jurisdiccional al intentar conciliar entre las partes, y aquellas que se emitan con carácter doctrinario o académico, no constituyen motivo de impedimento.

35. ¿Cuáles son las causas de suspensión de la certificación?

Las causas de suspensión de la certificación de las personas facilitadoras tienen su origen en la actuación negligente o dolosa. Se contienen en el artículo 47 de manera enunciativa, adicionadas con las que se determinen en la normatividad local y federal aplicable. La norma establece las siguientes:

I. Ostentarse como persona facilitadora en alguno de los mecanismos alternativos de solución de controversias, de los que no forme parte;

II. Ejerza coacción o violencia en contra de alguna de las partes;

III. Se abstenga de hacer del conocimiento de las partes la improcedencia del mecanismo alternativo de solución de controversias de conformidad con esta Ley;

IV. Por realizar actuaciones de fe pública fuera de los casos previstos en esta Ley.

36. ¿Cuáles son las causas de revocación de la certificación? (art. 48)

Las causas de revocación, de manera enunciativa, están previstas en el artículo 48 y se fundan en la dolosa actuación de la persona facilitadora. Son las siguientes:

I. Haber incurrido en una falta grave, en los términos que fije la LGMASC;

II. Haber sido condenado mediante sentencia ejecutoriada por delito doloso que amerite pena privativa de la libertad;

III. Reincidir en la participación de algún procedimiento de mecanismos alternativos de solución de controversias, existiendo alguna causa de impedimento prevista en la Ley, sin haberse excusado;

IV. Por delegar o permitir a un tercero el uso de su certificación como persona facilitadora.

37. ¿Puede expedirse la certificación a una persona moral? (art. 50) (8-XIV-40)

No, sólo puede expedirse a las personas físicas.

38. ¿Cuál es la diferencia entre una persona abogada colaborativa y persona facilitadora? (arts. 5-XIII y XIV y 4)

De conformidad con el artículo 4 LGMASC, las personas abogadas colaborativas intervienen en los procesos de Negociación Colaborativa, en tanto las personas facilitadoras intervienen en los procesos de Mediación.

La Abogada Colaborativa, como su título expresa, debe contar con patente para ejercer la profesión de derecho o abogacía y estar certificada en los términos de la Ley y actúa en conjunto con las partes mediante un proceso de negociación con el fin de encontrar soluciones beneficiosas para las mismas.

En tanto, la Persona Facilitadora es la persona física certificada en términos de la Ley, para el ejercicio público o privado, cuya función es propiciar la comunicación y avenencia para la solución de controversias entre las partes a través de los mecanismos alternativos de solución de controversias previstos en la Ley.

39. ¿Cuándo procede la cancelación de la inscripción en el Registro de Personas Facilitadoras? (art. 52)

El artículo 52 establece cinco causas:

I. A solicitud de la persona facilitadora;

II. Por resolución firme mediante la cual se revoque la Certificación;

III. Por la muerte de la persona facilitadora;

IV. Por vencimiento de la vigencia de la Certificación, salvo lo dispuesto en el artículo 43 de esta Ley, y

V. En caso de imposición de pena privativa de la libertad, hasta por el mismo plazo previsto en la resolución judicial.

40. ¿Qué efectos produce la inscripción de la certificación en el Registro de Personas Facilitadoras de los poderes judiciales que correspondan? (art. 34)

Que la certificación expedida en la entidad federativa surta efectos en otra diversa, siempre que esté inscrita en el Registro de Personas Facilitadoras de esas entidades federativas.

41. ¿Hay un Registro Nacional de Personas Facilitadoras? (art. 49)

No, cada entidad cuenta con el suyo al igual que el Poder Judicial Federal. Sin embargo, la Ley prevé una Plataforma Nacional de Personas Facilitadoras, que es un resguardo electrónico a cargo del Consejo de la Judicatura Federal, que contiene los datos e información respecto del otorgamiento de certificación de las personas facilitadoras públicas y privadas en todo el territorio nacional, así como de las personas abogadas colaborativas (art. 5-XVIII, 54).

42. ¿En dónde se concentra la información de personas facilitadoras?

En la Plataforma Nacional de Personas Facilitadoras.

43. ¿Qué información deberá contener la plataforma nacional? (art. 55)

La información de identificación de la Persona Facilitadora y la relativa a su función:

I. Nombre;

II. Clave Única de Registro de Población;

III. Datos de contacto y localización;

IV. Clave o número de certificación;

V. Vigencia de la certificación;

VI. Deberá constar si se trata de persona facilitadora pública o privada;

VII. Descripción de sanciones en su caso, y

VIII. Los demás que determine el Consejo.

44. ¿Cuáles son los derechos de las partes en un MASC? (art. 57)

I. Recibir la información necesaria con relación a los mecanismos alternativos de solución de controversias, sus alcances, efectos y consecuencias;

II. Solicitar al Titular del Centro respectivo, que la persona facilitadora sea sustituida, de conformidad con lo dispuesto en el artículo 46 de la Ley;

III. Recibir un trato igualitario y respetuoso;

IV. Una o ambas partes podrán, previo a su validación, solicitar al Centro Público la revisión del convenio, a efecto de verificar que no se violen disposiciones de orden público o se trate de derechos indisponibles, se afecten derechos de terceros o derechos de niñas, niños y adolescentes o personas susceptibles de encontrarse en alguna situación de vulnerabilidad, y

V. Las demás previstas por la Ley y demás disposiciones aplicables.

45. ¿En los MASC qué derechos tienen y bajo qué circunstancias o requisitos los niños y adolescentes? (art. 58)

I. En atención al principio de autonomía progresiva, emitir su opinión y que ésta se tome en cuenta;

II. Intervenir en los MASC y en los Procesos de Justicia Restaurativa.

Requisitos:

I. Que sea en su mejor interés;

II. No implique vulneración de sus derechos;

III. Que su intervención sea voluntaria;

IV. Que cuente con el auxilio de una persona especializada en derechos de la niñez;

V. Opcionalmente, estar acompañada de una persona de su confianza.

46. ¿Cuáles son los deberes de las partes? (art. 59)

I. Acatar los principios y reglas que regulan los mecanismos alternativos de solución de controversias;

II. Conducirse con respeto y observar buen comportamiento durante las sesiones;

III. Cumplir con los convenios derivados de los mecanismos alternativos de solución de controversias en que participen;

IV. Asistir y participar en cada una de las sesiones;

V. Informar a la persona facilitadora o persona abogada colaborativa, sobre la existencia de un proceso jurisdiccional en trámite relacionado con la controversia o conflicto;

VI. Informar en las sesiones los hechos que modifiquen la materia de la controversia o conflicto, y

VII. Los demás previstos por la Ley y disposiciones aplicables.

47. ¿Si alguna de las partes se identifica como integrante de los pueblos y comunidades indígenas y afromexicanas? (art. 60)

Se estará a sus usos y costumbres, libre autodeterminación y autonomía (art. 2° CPEUM).

48. ¿Quién puede solicitar un MASC? (art. 61)

Cualquier persona, no distingue entre física y colectiva.

49. ¿Cómo se debe solicitar? (art. 61)

De manera verbal, escrita o en línea.

50. ¿Hay alguna constancia de las solicitudes? (art. 61)

Sí, debe llevarse un registro físico o electrónico por los centros públicos o privados o facilitadores o abogados facilitadores.

51. ¿Qué distinción hace la ley con respecto al origen del MASC? (arts. 64-65)

i. Los que derivan de un procedimiento judicial ordinario, extraordinario, local o federal.

ii. Los que no se derivan de un procedimiento judicial.

52. ¿En qué difieren? (arts. 64-65)

En el número de sesiones y efectos:

a) No jurisdiccional.

i. No hay restricción en el número de sesiones.

ii. Hay límite del plazo (3 meses).

iii. Si hay acuerdo de los involucrados, puede prorrogarse.

b) Jurisdiccional.

Suspende los plazos procesales.

53. ¿Cuál es el primer paso que se sigue cuando el facilitador recibe la solicitud? (art. 66)

Debe determinar si el conflicto es susceptible de tramitarlo por medio de MASC.

En caso contrario, debe comunicarle al interesado al día siguiente hábil.

54. Si el procedimiento deriva de origen jurisdiccional el facilitador/ abogado debe: (art. 67)

    i. Dar aviso al juez.
    ii. Dentro de los 3 días hábiles al inicio del MASC.
    iii. Para que el juez decrete la suspensión del procedimiento.
    iv. Informar a la autoridad la conclusión del procedimiento del mecanismo al día hábil siguiente de su conclusión.

55. ¿Cuándo inicia el MASC? (art. 68)

    Cuando se admite la solicitud, momento en que deberá abrirse el expediente respectivo.

56. ¿Qué procede una vez abierto el expediente? (art. 69)

    Invitar a las partes en el plazo máximo de 5 días hábiles.

57. ¿Qué tipo de acciones preventivas regula la ley y en qué momento se asegurarán? (art. 70)

    Son acciones de dar, hacer o no hacer y se propone al inicio del procedimiento y estarán vigentes hasta la celebración del convenio o bien, hasta que se dé por terminado el proceso.

58. ¿El facilitador puede tener reuniones privadas con las partes? (art. 71)

    Sí, de manera conjunta o separadamente, pero en este último supuesto, las partes siempre deberán tener conocimiento y deberán tener las mismas oportunidades de reunión.

59. ¿Qué elementos debe contener la invitación? (art. 72)

    I. Nombre de las partes y, en su caso, domicilio o dirección electrónica de la persona invitada;
    II. Breve explicación de la naturaleza de los mecanismos alternativos de solución de controversias;
    III. Día y lugar de celebración de la sesión;

IV. Nombre y firma de la persona facilitadora que la suscribe, y

V. Lugar y fecha de expedición.

60. ¿Las sesiones admiten representación? (arts. 74-76)

Sí, y en ellas deben estar presentes o representadas todas las partes.

Pueden estar asistidas de especialistas y peritos, pero la asistencia debe prestarse fuera de la sesión.

Cualquiera de las partes puede solicitar un receso de la sesión para efectos de consulta o asesoría.

61. ¿Se puede diferir la sesión? (art. 76)

En casos de fuerza mayor y hasta en dos ocasiones.

62. ¿Cuáles son las causales de cancelación anticipada del MASC? (art. 78)

I. Revelar las partes información confidencial fuera del trámite del mecanismo;

II. Dejar de asistir las partes a dos sesiones consecutivas sin justa causa;

III. Manifestación de voluntad de alguna de las partes;

IV. Cuando la persona facilitadora constate que alguna de las partes mantiene argumentos que impidan continuar con el trámite del mecanismo;

V. Incurrir cualquiera de las partes en un comportamiento irrespetuoso, agresivo o con intención notoriamente dilatoria;

VI. Por la muerte de alguna de las partes, y

VII. En los demás casos en que proceda dar por concluido el trámite del mecanismo de conformidad con la Ley o las correspondientes del ámbito federal o local.

63. ¿Qué requisitos deben reunir los derechos objeto de mediación? (art. 79)

Deben ser derechos disponibles, renunciables, que no contravengan alguna disposición de orden público, ni afecten derechos de terceros, niñas, niños y adolescentes, de conformidad con las Leyes aplicables.

64. ¿Qué efectos produce la suspensión del proceso jurisdiccional como consecuencia del MASC? (art. 80)

No limita los efectos y vigencia de las medidas provisionales dictadas.

65. ¿Cuál es la finalidad de la justicia restaurativa? (art. 5-XV, 81)

Reparar los daños producidos hasta el momento y prevenir los que puedan derivarse de un conflicto (emocionales, materiales y sociales).

66. ¿Cuál es el objetivo del proceso restaurativo? (art. 81)

Restituir el estado emocional, material y social anterior al conflicto causante de los daños, integrar al sujeto afectado en su entorno habitual evitando futuros conflictos, adoptar las responsabilidades que corresponden a cada parte involucrada en el conflicto, desarrollar un plan para atender las consecuencias del conflicto, auxiliar en la solución de conflictos en el ámbito escolar.

67. ¿Qué se entiende por resultados restaurativos? (art. 82)

a) El reconocimiento de la responsabilidad, b) la reparación del daño, c) la restitución de derechos o el servicio a la comunidad, d) la expectativa de no repetición.

68. ¿Quiénes pueden participar en los procesos de justicia restaurativa? (art. 84)

Personas facilitadoras especializadas en justicia restaurativa, con la participación de equipos multidisciplinarios formados por especialistas en diversas diciplinas bajo la coordinación de la persona facilitadora.

69. ¿Con que finalidad? (art. 84)

Fomentar el bienestar psicológico y emocional a los involucrados en el conflicto.

70. ¿Qué son los procedimientos de justicia terapéutica? (art. 85) y (art. 5-XVI)

Entendemos que un procedimiento terapéutico es aquél que tiene por objeto el tratamiento o la cura de una enfermedad o trastorno, o que tiene propiedades beneficiosas para la salud física o mental (Chat GPT).

En el supuesto de la ley, los procesos de justicia terapéutica tienen la finalidad de abordar el conflicto (trastorno) de manera integral, es decir, en todos sus aspectos (jurídicos, materiales, personales, afectaciones morales etc.), con una tendencia a la humanización de la justicia alternativa, acompañados por agentes terapéuticos con la finalidad de brindar bienestar físico, psicológico y emocional a las partes. En resumen:

I. Los procesos están acompañados de agentes terapéuticos para brindar bienestar físico, psicológico y emocional a las partes.

II. Finalidad: abordar el conflicto de manera integral

III. Tendencia: humanización de la justicia alternativa

IV. Objeto: atender y prevenir los factores de riesgo que perpetúan el conflicto y vulneran los derechos de los mediados.

71. ¿Procede el MASC en línea? (arts. 86 y 89)

La Ley prevé la solución de controversias en línea y para este efecto, las partes deben acordarlo mediante cláusula compromisoria, acuerdo independiente o ante la persona facilitadora.

Las partes también pueden acordar que el procedimiento se lleve a cabo mediante Sistemas Automatizados o Sistemas de Justicia Descentralizada de conformidad con las reglas pactadas y aplicables en cada caso.

Atentas las alternativas mencionadas, las partes deberán señalar específicamente la modalidad del Sistema en Línea en que se llevará a cabo y una dirección electrónica para recibir comunicaciones relacionadas con dicho sistema.

72. ¿Qué es un Sistema automatizado? (art. 87-III)

Son programas informáticos deseñados para realizar tareas que requieren de inteligencia artificial y que utilizan técnicas como aprendizaje automático, procesamiento de datos, procesamiento de lenguaje natural, algoritmos y redes neuronales artificiales, que para efectos la Ley se enfocan en la Solución de Controversias en Líneas.

73. ¿Qué es un Sistema de Justicia Descentralizada? (art. 87-IV)

Protocolo que se basa en la participación directa de la comunidad a través de esquemas de incentivos, colaboración abierta, votación descentralizada y elementos de automatización como contratos inteligentes y cadena de bloques, para la Solución de Controversias en Línea.

74. ¿Qué es la colaboración abierta? (art. 87-I)

Modelo en el que una persona física o moral, pública o privada solicita, a través de una convocatoria pública, la colaboración, aportes o servicios de un grupo diverso y amplio de personas, personalmente o a través de plataformas en línea.

75. ¿Qué es un contrato inteligente?

Código digital o informático que se ejecuta en la parte superior de una cadena de bloques que contiene un conjunto de reglas bajo las cuales las partes acuerdan interactuar entre sí. Si se cumplen las reglas predefinidas, el acuerdo se ejecuta automáticamente. Un contrato inteligente es capaz de facilitar, ejecutar y hacer cumplir la negociación o la ejecución de un contrato usando la tecnología de cadena de bloques.

76. ¿Qué debe contener el convenio? (art. 94)

    I. Lugar y fecha,
    II. Generales de las partes,
    III. Personalidad,
    IV. Folio o identificador,
    V. Legal existencia y personalidad (personas morales),
    VI. Clausulas,
    VII. Fecha y firma,
    VIII. Validación en caso de menores,
    IX. Efectos del incumplimiento,
    X. Formas de atender su cumplimiento en la vía jurisdiccional,
    XI. Nombre número y firma del facilitador o abogado.

77. ¿Qué requisitos se exige si el facilitador no es abogado? (art. 95)

    Opcional a la firma de las partes, la de un abogado con cédula profesional que acredite su revisión legal.

78. ¿De quién es la responsabilidad respecto a la nulidad, negligencia, faltas o defectos de procedencia en torno a los derechos y obligaciones contenidos en el convenio? (art. 95)

    De la persona facilitadora.

79. ¿El convenio está sujeto a revisión? (art. 95)

    Oficiosa de la autoridad competente ante la eventual ejecución del convenio por incumplimiento.

80. Si como resultado del MASC se celebra un convenio, ¿Cómo procede el facilitador? (art. 96)

    I. Dejar constancia electrónica o escrita del Convenio en el expediente.

    II. Expedir copias certificadas a cada una de las partes.

81. ¿En qué casos los convenios deben ser revisados y validados por el Centro Publico de Mecanismos Alternativos de solución de controversias? (art. 97, 1° párrafo)

    Cuando son suscritos ante facilitador privado e involucran:

    a) Derechos de niños y adolescentes.

    b) Derechos de terceros.

    c) Víctima de violencia.

    d) Personas en situación de vulnerabilidad.

82. ¿Qué alcance tiene la revisión? (art. 103) ¿intrínseca?

    La revisión debe ser intrínseca y extrínseca, es decir, debe comprender tanto el fondo como la forma. El fondo, porque tratándose de personas vulnerables o terceros, exige el respeto de los derechos humanos y el cumplimiento de los principios establecidos en el artículo 6, así como de las obligaciones previstas por el artículo 30 de la Ley.

    Las fracciones X y XI del artículo 6 y V del artículo 30, establecen como principios rectores de los medios alternativos de solución de conflictos, el deber de la persona facilitadora de observar los derechos humanos, el interés superior de niñas, niños y adolescentes y los requisitos de existencia y validez del convenio. Estos son de forma y fondo, por lo que es concluyente que la revisión será intrínseca y extrínseca.

83. ¿Hay un plazo para la validación? (art. 97, 2.-P)

    Máximo 30 días hábiles contados a partir de su recepción.

84. ¿Qué requisitos debe cumplir el convenio para su validación? (art. 98)

a) Deberán estar firmados por las partes y la persona facilitadora.

b) Cumplir con los principios del Artículo 6.

c) Cumplir con las obligaciones del Artículo 30.

85. ¿Qué efectos produce el registro? (art. 98)

Lo eleva a la categoría de cosa juzgada.

86. ¿Qué significa elevarlo a la categoría de cosa juzgada?

La Cosa Juzgada significa que un asunto, una controversia o conflicto sometido por alguna de las partes ante un juez, ha sido resuelto de manera definitiva, de forma que no puede volver a ser sometido a la consideración o resolución de otro juez por las mismas partes y, por lo tanto, es exigible jurisdiccionalmente en la vía de apremio, lo que implica su ejecución inmediata sin que el juez del conocimiento se pronuncie previamente sobre el fondo de la litis.

87. ¿Qué alcance tiene con respecto al facilitador la disposición de cumplir con la Ley de Prevención de Lavado de Dinero? (art. 98)

La norma establece: "Los convenios y los actos que deriven de ellos, deberán de cumplir con las obligaciones establecidas en la Ley Federal para la Prevención e Identificación de Operaciones con Recursos de Procedencia Ilícita" (LPLD).

La LPLD resulta aplicable en todos los Estados Unidos Mexicanos (art. 1). Su objeto es prevenir la celebración de operaciones o, en el caso de actos y operaciones consumados, detectar el uso de recursos de procedencia ilícita, es decir, aquellos que a su vez provienen de actividades ilícitas, imponiendo el deber de las personas que realizan las operaciones vulnerables, obtener, resguardar y, tener disponible la información que permita investigar, perseguir y sancionar los delitos que se actualizan al realizar actos y operaciones realizadas con estos recursos (art. 2).

En un esfuerzo por evitar que los recursos de procedencia ilícita ingresen al sistema financiero y a la economía, la autoridad nacional, en coordinación con los organismos internacionales, ha detectado operaciones y actos utilizados por las estructuras financieras de las organizaciones delictivas, a los que han calificado como "vulnerables". Es decir, son vulnerables porque se utilizan para fines criminales.

Para cumplir su función de prevención y sanción de las operaciones ilícitas, la LPLD implementó un sistema de salvaguardas y avisos a la Unidad de Inteligencia Financiera (UIF), dependiente de la Secretaría de Hacienda y Crédito Público que contengan toda la información de los sujetos, actos y objetos que permitan identificarlos y localizarlos, facilitando y posibilitando su conocimiento y en su caso, la sanción de los sujetos involucrados y la insubsistencia de los actos o el decomiso de los recursos y bienes involucrados.

Como parte de la información de los sujetos, y con la finalidad de identificarlos aún y cuando actúen mediante interpósita persona, tanto de manera legal, a través de representante, apoderado, mandato sin representación, como ilegal en el caso del llamado prestanombres, es decir, la simulación sustantiva de una o ambas partes del acto jurídico, la LPLD las identifica como "Beneficiario Controlador" y "Dueño Beneficiario", que son quienes en última instancia obtienen el beneficio del acto o ejercen el control de la persona moral que lleva a cabo actos y operaciones identificadas como vulnerables o las lleva a cabo por conducto de personas que a su vez realizan actos y operaciones vulnerables.

La persona facilitadora está obligada a verificar la identidad y personalidad de las partes y de los terceros que intervengan en el convenio; verificar que los convenios reúnen los requisitos de existencia y validez; vigilar que en los trámites y durante todas las etapas de los procesos de mecanismos alternativos de solución de controversias en los que intervengan, no se afecten disposiciones de orden público; redactar los convenios a los que hayan llegado las partes a través de los mecanismos alternativos de solución de controversias.

Cumplir con las obligaciones establecidas en la LPLD, sujeta a la persona facilitadora al conocimiento y aplicación de todas las disposiciones previstas por la misma en los actos que ésta califica como vulnerables y por lo tanto, deberá verificar la identidad de las partes que intervienen en su celebración, realizar las acciones preventivas respecto a su legitimación, revisando las listas de personas vinculadas con actos y actividades ilícitas previstas por la ley, estas listas se conocen con el nombre de "listas negras del Consejo de Seguridad de la ONU" y si alguno de los otorgantes del acto se encuentra en ellas, deberá abstenerse de hacer constar el acto e informarlo a la UIF.

Si decide hacer constar los acuerdos que involucran el acto o actividad vulnerable, deberá formar el expediente único de los otorgantes y cumplir con todas las disposiciones de la LPLD, su reglamento y sus reglas, incluidos los avisos regulados por estas disposiciones.

De tal forma que, aún y cuando los actos jurídicos adolezcan de nulidad relativa por no cumplir con la forma legal exigida, esta porción normativa del artículo en mención vincula a la persona facilitadora con la observancia y cumplimiento de la LPLD, al ser la persona reconocida por ésta para la celebración del convenio de mediación y el medio de conferir al acuerdo la categoría de cosa juzgada con privilegio de acceso a la vía de apremio.

88. ¿Cuándo puede registrarse el convenio en el Registro Público de la Propiedad? (art. 99)

 a) Cuando haya acuerdo de las partes en ese sentido art. 93 (RLR).

 b) Cuando se convenga un acto que debe formalizarse en escritura.

89. ¿A través de qué acto tiene acceso el convenio al Registro y cuál es su naturaleza?

La LGMASC no prevé la legitimación registral para solicitar la anotación del convenio de mediación, sin embargo, en la CDMX, el artículo 55 del Reglamento Interno del Centro de Justicia Alternativa como dependencia del Tribunal Superior de Justicia del Poder Judicial de la Ciudad de México (art 9 RICJA), prevé como requisito para la inscripción en el Registro de la Propiedad, su previo registro ante el propio Centro de Justicia: "Por acuerdo de los mediados, los convenios debidamente registrados ante el Centro podrán ser anotados en el Registro Público de la Propiedad y de Comercio de conformidad con las leyes respeçtivas".

Continúa exigiendo orden escrita por parte del mediador: "Para el trámite de inscripción ante el Registro Público de la Propiedad y de Comercio se requerirá oficio de solicitud por parte del mediador privado, a petición expresa de los mediados interesados, que constará en el cuerpo del convenio de que se trate, dicho oficio deberá elaborarse invariablemente con copia para el Titular del Centro".

A su vez, el artículo 7 RLR, confiere legitimación al mediador para solicitar la anotación del convenio al reconocerle interés legítimo: "Para los efectos de este Reglamento, se entenderá que tienen interés legítimo:

...el mediador privado que haya elaborado el convenio de mediación de que se trate..."

El convenio tiene acceso al Registro Público de la Propiedad y de Comercio de la Ciudad de México (RPP), mediante anotación preventiva (art. 3043 fracción VII C.C.).

No obstante, excluye como causa de extinción de la anotación preventiva a la caducidad, propia de esta naturaleza de asiento registral, por lo que sólo podrá extinguirse por cancelación y en mi particular opinión por su conversión a inscripción, o, desde luego, por orden de autoridad judicial.

Así lo prevé el artículo 79 de la Ley Registral de la ciudad de México (LR): "Artículo 79.- Las anotaciones preventivas que se originen por resoluciones judiciales o administrativas de carácter definitivo, así como las declaraciones de utilidad pública y los convenios emanados del procedimiento de mediación a que se refiere la fracción VII del artículo 3043 del Código que tengan efectos definitivos, no caducan".

También se aparta de la regulación general de las anotaciones preventivas al posibilitar el cierre del registro mediante la anotación preventiva.

Así lo establece el artículo 3044 del C.C.: "...Tratándose del caso de la fracción VII, se producirá igualmente el cierre del registro si así fue acordado por los mediados en el convenio respectivo, a efecto de garantizar su cumplimiento..."

El director del CJA es un empleado del TSJ, pero no tiene potestad jurisdiccional, por lo que el acto debe considerarse de naturaleza administrativa.

La LGMASC, en su artículo 100 sí prevé a la caducidad como causa de extinción de la anotación preventiva, por lo que de conformidad con las disposiciones transitorias de la misma y el artículo 1 de la CPEUM, al ser un derecho humano de acceso al registro, cualquier persona vulnerada por esta disposición local en la CDMX, podría solicitar la inaplicación de la norma por inconstitucional y obtener la extinción de la anotación preventiva por el transcurso de 3 años contados a partir de la fecha de entrada al trámite.

90. ¿Qué efectos produce la anotación en el Registro? (art. 99)

Limitados a y sujetos al otorgamiento del instrumento que formalice el acto con efectos reales.

91. ¿Puede el facilitador por sí mismo solicitar la anotación en el Registro Público de la Propiedad? (art. 99)

Sólo por autorización expresa de las partes y de acuerdo con el artículo 93 del RLR el acuerdo de las partes para la anotación debe constar en el propio convenio.

92. ¿Puede el convenio contener obligaciones de transmisión, constitución y modificación de derechos y garantías reales sobre inmuebles? (art. 99)

Sí pueden convenirse, pero estarán sujetas para su validez a cumplir con las formalidades que exija la ley que los regule y mientras no se cumplan en principio es anulable y no inscribible (1795 IV (nulo) 1796) (3005 - III 3021 bis II CC; 42 – II LR).

Hacen referencia al "documento" pero debe implicar también que este sea el exigido por la ley para emitir el consentimiento de las partes, es decir, para la celebración del acto que lo contiene.

93. ¿Las partes en el convenio están legitimadas registralmente para solicitar la cancelación del convenio? (art. 100)

La ley MASC prevé la cancelación solamente para el caso de que las partes hubieran cumplido las obligaciones pactadas en el convenio, legitima al facilitador de manera exclusiva, con perjuicio de las disposiciones del Código Civil Federal y del Código Civil del Distrito Federal que en sus respectivos artículos 3033 fracción II prevén la extinción por cancelación cuando se extinga por completo el derecho inscrito o anotado y en términos del artículo 3018 de ambos códigos, cualquier persona que tenga interés legítimo en el derecho inscrito o anotado está legitimada para solicitar su inscripción o anotación, misma razón que aplica para su cancelación (art. 3030 CC y CCDF).

Por lo tanto, debieran considerarse legitimados para solicitar la anotación del convenio de mediación al facilitador y a las partes y para su cancelación, al mediador y al mediado en cuyo favor se haya estipulado el derecho anotado.

No obstante, el artículo 55 RICJA para su cancelación, también restringe el derecho para solicitarla a los mediados, confiriéndola de manera exclusiva al mediador: "Para la cancelación de las anotaciones, un vez que los mediados se den por satisfechos de las obligaciones pactadas, lo harán del conocimiento del mediador privado, público o secretario actuario, respectivamente, para que los mediadores privados, mediante oficio, lo hagan del conocimiento del Registro Público de la Propiedad y de Comercio, y en el caso de los mediadores públicos y secretarios actuarios lo harán del conocimiento del Registro antes señalado, a través de oficio suscrito por el Director General del Centro."

94. ¿Adicionalmente cuáles son las causas de extinción de la anotación preventiva del convenio? (art. 100)

a) Por su conversión a inscripción (art. 100 LGMASC; art. 3029 CC y CCDF).

   La ley MASC dice "con el otorgamiento de la escritura convenida".

b) Por caducidad la ley MASC se refiere al "plazo de caducidad de las inscripciones" pero en la CDMX el convenio no es inscribible sino anotable y en su segundo párrafo se refiere a la anotación preventiva y establece como plazo máximo de la caducidad tres años igual que el art. 3035 CCDF.

95. ¿Todos los convenios de mediación son registrables? (art. 100 MASC)

El CCDF prevé su anotación preventiva (3043 – VII CCDF). Esta disposición prevé diversos actos que afectan a los inmuebles, por lo tanto, el convenio debe afectar de manera directa el derecho real sobre el inmueble.

Por eso ahora la ley MASC limita su anotación cuando se estipule un acto que conforme a la ley deba constar en escritura pública (art. 99).

96 ¿El convenio cierra el registro? (art. 101)

Únicamente cuando involucren la obligación de dar alimentos.

97. ¿Cuándo procede la revocación del cierre del registro?

Cuando se realice en fraude de acreedores, estos la pueden solicitar. ¿Cómo? Considero mediante el ejercicio jurisdiccional de la acción pauliana.

98. ¿Si el convenio adquiere categoría de cosa juzgada, la remediación qué efecto y naturaleza jurídica produce?

Me parece que guarda equivalencia con la transacción en ejecución de cosa juzgada.

99. ¿En qué casos pueden ser modificados los convenios de mediación? (art. 102) y (art. 94 CPC)

a) En materia familiar.

b) Cuando cambien las situaciones que dieron origen a su suscripción.

c) En materia de alimentos (monto, forma o cancelación).

d) Guarda y custodia.

d) Régimen de visitas y convivencia.

100. ¿Quién realiza la revisión de los convenios y qué efectos produce? (art. 104)

a) La revisión del convenio la realiza el Centro Público de Mecanismos Alternativos de Solución de Controversias.

b) La revisión es para calificar si cumple con los requisitos de ley.

c) Si adolece de alguna deficiencia, procede la prevención por 10 días hábiles para que el facilitador la subsane.

d) Si el facilitador no lo subsana, se prevendrá directamente a las partes para que se subsane directamente ante el Centro en el que se originó el Convenio.

e) Si no lo hacen se tendrá por no presentado el convenio para su revisión por el centro; no se inscribirá en el sistema de convenios y no alcanzará el efecto de cosa juzgada; por lo tanto, no procederá su ejecución en la vía de apremio.

101. ¿En dónde se inscribe el convenio? (art. 105 y 106)

El facilitador debe remitirlo al sistema de convenios en un plazo máximo de 10 días hábiles para su inscripción y otorgar el número del registro en un plazo máximo de 30 días hábiles.

102. ¿Qué sanción existe si el sistema no inscribe en ese plazo? (art. 106)

El convenio se tendrá por inscrito.

103. ¿En dónde son ejecutables los convenios? (art. 107)

Si están registrados en una entidad federativa y por lo tanto han sido sancionados en cuanto al cumplimiento de los requisitos de fondo y forma, serán ejecutables en cualquier otra entidad.

104. ¿Qué es el centro de mediación? (art. 5-II, III y IV)

La LGMASC prevé tres tipos de centros de mediación:

I. Público.

II. Público en materia de Justicia Administrativa.

III. Privado.

Los centros públicos son órganos especializados del Poder Judicial de la Federación o de los Poderes Judiciales de las entidades federativas o de los Tribunales de Justicia Administrativa federal o locales, facultados para el ejercicio, es decir, para llevar a cabo los procesos de los mecanismos alternativos de solución de controversias.

Los centros privados son sede de atención a los mismos mecanismos, pero por facilitadores privados.

105. ¿Qué es el sistema de convenios? (art. 5-XX, 108 y 109)

El sistema es la manera en que de forma ordenada y de acuerdo con determinada organización o estructura, se lleva a cabo el registro electrónico de los convenios y el estado que guarda su última actuación, con la finalidad de resguardarlos y permitir su consulta y reproducción.

Se encuentra a cargo del Centro Público de Mecanismos Alternativos de Solución de Controversias de los Poderes Judiciales Federal o de las entidades federativas y exige la previa revisión del Centro Público del cumplimiento de los requisitos de forma y en los casos previstos por la ley de los requisitos de fondo.

106. ¿Cómo es el registro del convenio? (art. 109)

El registro comprende dos inscripciones:

a. El del convenio.

b. El de su última actuación.

El registro se lleva a cabo a través un sistema telemático y mediante inscripción electrónica.

107. ¿La revisión del convenio (calificación) es extrínseca o intrínseca? (art. 97-110)

La revisión del convenio está a cargo del Centro Público de MASC cuando sea suscrito por las personas facilitadoras privadas y comprende dos aspectos.

En general, la revisión es extrínseca, ya que sólo se refiere al cumplimiento de los requisitos de forma y el cumplimiento de los deberes del facilitador (art. 98 y 6) y observancia de los principios que rigen el MASC (art. 98 y 30) y de los derechos de los mediados.

En un segundo plano, pero siempre que en el convenio se involucren:

a. Derechos de niñas, niños y adolescentes;
b. Derechos de terceros;
c. Derechos de personas víctimas de violencia o;
d. De personas que se encuentren en situación de vulnerabilidad y,
e. De acuerdo con una iniciativa de adición al artículo 97 LGMASC, los que contemplen obligaciones de transmisión, constitución y modificación de derechos reales o garantías sobre inmuebles.

La revisión debe concluir con la validación del convenio, lo que constituye visa de acceso al registro y agotada la inscripción, alcanza la categoría de cosa juzgada.

108. ¿Cuándo procede la inscripción directa del convenio y en qué consiste? (art. 111)

Cuando habiendo transcurrido 30 días hábiles de haber sido presentados al Centro Público correspondiente, no hayan sido inscritos en el Sistema de Convenios o devueltos para las rectificaciones que corresponda.

En este supuesto, previa acreditación de lo anterior, la inscripción la puede realizar el facilitador de manera directa.

109. ¿Qué es el Sistema Nacional de Información de Convenios? (art. 5-XXI, 113 y 114)

Es un resguardo electrónico de la información contenida en el Sistema de Convenios.

110. ¿En dónde se encuentra la información que prevé la ley? (art. 112)

a) Sistema de convenios.

b) Sistema Nacional de Información de Convenios.

c) Registros de Personas Facilitadoras.

d) Plataforma Nacional de Personas Facilitadoras.

111. ¿En dónde se consulta el Sistema Nacional de información de convenios? (art. 113)

En la página oficial del Consejo de la Judicatura Federal.

112. ¿Qué información del convenio contiene el sistema? (art. 114)

1. Número de Registro.
2. Nombre y número de certificación de la persona facilitadora.
3. Entidad federativa en la que se celebró.
4. Materia.
5. Estado que guarda la última actualización en el convenio.

113. ¿Son aplicables los MASC en materia administrativa? (art. 115)

Sí son aplicables:

a) En sede administrativa.

b) Ante el Centro Público de MASC en materia de justicia administrativa.

Conforme:

a) Esta ley.

b) Las leyes de la materia.

114. ¿En qué momento son aplicables los MASC en materia administrativa? (art. 115)

a) Antes de la tramitación de los procedimientos.

b) Durante la tramitación de los procedimientos.

c) En ejecución de sentencia.

115. ¿Cuándo o en qué casos aplican los MASC? (art. 115)

a) Cuando la materia de conflicto o controversia sea susceptible de transacción.

b) Previo dictamen técnico jurídico de la autoridad administrativa que autorice la viabilidad de la participación del organismo administrativo o del órgano.

116. ¿Qué se entiende por dictamen técnico jurídico? (art. 115)

Es el documento que contiene el análisis jurídico sobre:

a) Responsabilidades de servidores públicos.

b) Viabilidad presupuestaria.

117. ¿El arbitraje es aplicable en materia administrativa? (art. 115)

En ningún caso.

118. ¿En materia administrativa quienes pueden participar en los MASC? (art. 116)

a) Personas físicas.

b) Personas morales.

c) Organismos de la administración pública federal y de entidades federativas (centralizada, paraestatal).

d) Organismos Constitucionales Autónomos.

119. ¿Cuáles son los principios que aplican en materia administrativa? (arts. 6 y 116)

El artículo 6 establece trece principios, y el 116 seis adicionales en materia administrativa.

I. Confidencialidad de la información proporcionada durante la tramitación del MASC.

II. Eficiencia y eficacia; eficiente porque debe resolver la controversia y eficaz en el sentido de lograr plena satisfacción de los mediados.

III. Neutralidad, implica un trato neutro y libre de sesgos, con independencia orgánica, presupuestaria y técnica respecto del organismo que interviene como parte en el conflicto o controversia.

IV. Publicidad y transparencia, los acuerdos y convenios deben ser tratados como información pública.

V. Justicia abierta deben aplicarse los principios de Gobierno Abierto: transparencia, participación social, colaboración y rendición de cuentas.

VI. Voluntariedad, las partes deben concurrir de manera voluntaria, y tratándose de los organismos de la administración pública, dentro del ámbito de sus competencias. Su participación en los MASC no implica la obligación de alcanzar un acuerdo.

120. ¿En materia administrativa a quién corresponde la implementación de todo lo relacionado en los MASC? (art. 117)

a) El tribunal Federal de Justicia Administrativa.

b) Tribunales de Justicia administrativa de las entidades federativas.

121. ¿Cómo adquiere la calidad de cosa juzgada el convenio de mediación en materia administrativa? (art. 117-IX)

Mediante su aprobación por parte del Tribunal Federal de Justicia Administrativa y de los Tribunales de Justicia Administrativa de las entidades federativas.

122. ¿Cuál es el máximo órgano de autoridad en materia administrativa? (art. 119)

El Consejo Nacional de MASC en materia de Justicia administrativa, integrado por los titulares de los centros de MASC del TFJA y de los TJA locales.

123. ¿Cuáles son las atribuciones del Consejo Nacional de MASC? (art. 121)

I. Revisar Los criterios de capacitación y certificación.

II. Establecer los criterios de publicación de los convenios.

III. Crear y mantener actualizado el registro de personas facilitadoras.

IV. Fungir como órgano consultivo.

124. ¿Cuáles son los requisitos de las personas facilitadoras en materia administrativa? (art. 122)

a) Para Servidores públicos:

Contar con nacionalidad mexicana, capacitación requerida por el Tribunal correspondiente, aprobar las evaluaciones y no haber sido condenado por delitos de los señalados en el artículo 108 y 109 de la CPEUM.

b) De los tribunales de Justicia administrativa, en adición a los anteriores, contar con los requisitos para ocupar el cargo de persona secretaria de acuerdos, proyectista o equivalente, conforme a las leyes orgánicas aplicables.

c) Facilitadores privados, los mismos que para todos los facilitadores privados.

125. ¿Cuáles son las obligaciones y deberes de facilitadores en materia administrativa? (art. 123)

La norma hace referencia de manera general a la observancia estricta de las leyes aplicables a su función.

126. ¿Cuál es el requisito indispensable para aplicar los MASC en materia administrativa? (art. 126)

Que la persona facilitadora cuente con certificación del TFJA o locales.

Ejemplo: funcionarios públicos adscritos a los órganos especializados en MASC autorizados por la Administración Pública Federal o Local.

127. ¿Pueden intervenir facilitadores privados en los procedimientos? (art. 126)

Cuando y en la forma en que lo permita la regulación especial de cada materia.

128. ¿Cómo puedo solicitar el MASC administrativo?

a) Fuera de procedimiento administrativo.

b) Dentro del procedimiento administrativo –durante su substanciación– en ejecución de sentencia.

129. ¿Cuándo no procede el MASC administrativo? (art. 128)

Cuando se trate de:

I. Resoluciones definitivas por las que se impongan sanciones administrativas a los servidores públicos, así como contra las que decidan los recursos administrativos en dicha materia, salvo tratándose de la modalidad, forma, monto o plazos para el pago de las sanciones económicas, así como el periodo de la suspensión, destitución o inhabilitación que se hubiere determinado;

II. En materia agraria, que se tramitarán de conformidad con lo dispuesto por el artículo 27 de la Constitución Política de los Estados Unidos Mexicanos;

III. Las materias previstas en el artículo 94 de la Ley de Comercio Exterior, salvo las relativas a los actos de aplicación de las cuotas compensatorias definitivas, o la modalidad, plazos o facilidades de pago y condonación de multas y accesorios;

IV. Se afecten los programas o metas de la Administración Pública Centralizada, Descentralizada en el ámbito Federal y Local, así como tratándose de los Órganos Constitucionales Autónomos;

V. Se atente contra el orden público;

VI. Se afecten derechos de terceros;

VII. En controversias laborales con la Administración Pública, deban tramitarse de conformidad con lo dispuesto por el artículo 123 de la Constitución Política de los Estados Unidos Mexicanos y la Ley Federal del Trabajo, y

VIII. Cuando la controversia sea planteada por las autoridades administrativas, respecto de las resoluciones administrativas favorables a un particular, cuando se consideren contrarias a la Ley.

130. ¿Cuáles son las causales para la conclusión del procedimiento? (art. 131)

Voluntad expresa de las partes; abandono del procedimiento (dejar de asistir a dos sesiones sin causa justificada); desaparecer la materia del conflicto; por conocer de la existencia de derechos de tercero que no participe en el mecanismo; comportamiento irrespetuoso, agresivo o con intención notoriamente dilatoria; muerte, extinción o disolución de alguna de las partes; las que prevengan las leyes Federal de Procedimiento Contencioso Administrativo o las leyes de procedimiento contencioso administrativo de las entidades federativas.

131. Cuando el MASC es para el cumplimiento de una sentencia firme ¿qué deberá observarse por el facilitador? (art. 132)

Que no se modifiquen el sentido, alcance o efecto de la sentencia o resolución respectiva.

132. ¿Qué es el Registro de Personas Facilitadoras? (art. 133)

Es la incorporación de las personas facilitadoras que integran los Centros Públicos de Mecanismos Alternativos de Solución de Controversias en un catálogo que deberán instrumentar, publicar y actualizar los Tribunales de Justicia Administrativa en sus respectivos ámbitos de competencias.

133. ¿Cuándo se está en el supuesto de "la misma controversia"? (art. 133 y 135)

Los convenios firmados por las partes y el facilitador deben contener el detalle de los procesos jurisdiccionales vinculados a la controversia y en el supuesto de que exista identidad en las partes, materia del conflicto, tiempo y territorio donde se verifica la controversia, se estará en el supuesto de "la misma controversia".

Si los procedimientos jurisdiccionales se hubieran suspendido con motivo del MASC y en este no se hubiere logrado la celebración del Convenio, el facilitador deberá avisar a la autoridad jurisdiccional o administrativa competente, para que se continúe con el trámite del procedimiento jurisdiccional o administrativo respectivo.

Se entiende que se trata de la misma controversia cuando hay identidad de:

a) Partes.

b) Materia de conflicto.

c) Tiempo y territorio en donde se verifica.

134. ¿El MASC produce la extinción de los derechos de las partes o sus acciones? (art. 135)

No, las conservan en caso de no celebrar el convenio.

135. ¿Quién aprueba el convenio? (art. 136)

El magistrado instructor.

136. ¿Qué deberá verificar el magistrado instructor para autorizar el convenio? (art. 136)

a) Que no contravenga disposiciones de orden público.

b) No afecten derechos de terceros.

c) No resulten notoriamente desproporcionados.

137. ¿Qué efectos produce? (art. 136)

- Si se aprueba da por terminado el juicio.
- Si no, las partes pueden subsanar los aspectos procedentes o reanudar el procedimiento.
- Si se celebrare en ejecución de sentencia producen declaración de cumplimiento de sentencia.

138. ¿Qué convenios alcanzan la autoridad de cosa juzgada? (art. 136)

- Los celebrados en sede administrativa.
- Aprobados por el magistrado instructor.

139. ¿Es procedente el juicio de lesividad en contra de los convenios MASC? (art. 138)

No es procedente.

140. ¿Cómo se imponen las sanciones que prevé la Ley del MASC? (art. 139)

a) Las sanciones las imponen los consejos de la judicatura federal o local.

b) A los facilitadores privados se aplica la legislación civil y penal en materia de prestación de servicios profesionales.

141. Sanciones. (art. 141)

Amonestación; sanción económica; reparación de los daños causados, suspensión de la certificación; revocación de la certificación e inhabilitación.

142. Supuestos de sanciones. (art. 142)

La Ley prevé quince causas de sanción a los facilitadores, de entre las cuales once son consideradas graves:

I. Conducir un procedimiento de mecanismo alternativo de solución de controversias cuando se tenga algún impedimento de los contemplados en esta Ley y demás disposiciones aplicables.

II. No dejar constancia electrónica o escrita del Convenio en el expediente respectivo o no expedir una copia certificada del Convenio para cada una de las partes.

III. Cuando se presente denuncia con motivo del trato subjetivo, manifestación de juicios de valor, opiniones o prejuicios que puedan influir en la toma de decisiones de las partes. Derivado de lo anterior cualquiera de las partes podrá solicitar la sustitución de la persona facilitadora; (**grave**).

IV. Si con motivos de sus funciones solicita, recibe u obtiene para sí o a favor de terceros, dádivas o prebendas; (**grave**).

V. Omitir la remisión de los convenios al Centro Público dentro del plazo señalado; (**grave**).

VI. No actualizar la información del Registro de Personas Facilitadoras.

VII. Delegar las funciones que le correspondan en terceras personas; (**grave**).

VIII. Desempeñarse como persona facilitadora sin contar con la certificación vigente; **(grave)**.

IX. Representar o asesorar a las partes fuera del mecanismo previsto por esta Ley, durante y al menos el año previo o posterior a la celebración del Convenio y su registro, salvo lo dispuesto en el artículo 36 de esta Ley; **(grave)**.

X. Atentar contra el principio de confidencialidad durante o una vez concluido el trámite de los mecanismos alternativos de solución de controversias; **(grave)**.

XI. No haber subsanado una prevención durante el plazo que dispone esta Ley, por causas imputables a la persona facilitadora; **(grave)**.

XII. Omitir explicar a las partes sobre las consecuencias en caso de incumplimiento parcial o total del Convenio; **(grave)**.

XIII. No realizar los ajustes razonables y de procedimiento que en su caso requieran las partes; **(grave)**.

XIV. No desahogar las prevenciones ordenadas por los Centros Públicos, **(grave)** y

XV. Las demás que establezcan esta Ley y los ordenamientos en materia de responsabilidades y sanciones del ámbito federal o local.

143. Causas de inhabilitación. (art. 144)

Son causas de inhabilitación de los facilitadores:

I. Conocer de un asunto en el cual tenga impedimento legal o no se excuse, en los términos de esta Ley;

II. Ejecute actos, incurra en omisiones que produzcan un daño, perjuicio o alguna ventaja indebida para alguna de las partes; así como, exija, acepte, obtenga o pretenda obtener, por sí o a través de terceros, con motivo de sus funciones, cualquier beneficio no comprendido en su remuneración como persona facilitadora pública, que podría consistir en dinero; valores; bienes muebles o inmuebles, incluso mediante enajenación en precio notoriamente inferior al que se tenga en el mercado; donaciones; servicios; empleos y demás beneficios indebidos para sí o para su cónyuge, parientes consanguíneos, parientes civiles o para terceros con los que tenga relaciones profesionales, laborales o de negocios, o para socios o sociedades de las que el facilitador o las personas antes referidas formen parte;

III. Ejerza coacción o violencia en contra de alguna de las partes, y

IV. Reincidir en la participación en algún procedimiento de mecanismos alternativos, existiendo alguna causa de impedimento previstas en la presente Ley, sin haberse excusado.